ADVERTISSE-MENT DES CATHO-liques de Bearn, aux François ynis touchant la Declaration faicte au Pont S. Clou, par Henry 2. Roy de Nauarre.

A TROYES,

Par Iean Moreau M. Imprimeur, pres Nostre Dame.

M. D. LXXXIX.

Auec Priuilege du Roy.

ADVERTISSEMENT

des Catholiques de Bearn, aux
François vnis, touchant la Decla-
ration faicte au pont S. Clou, par
Henry 2. Roy de Nauarre.

Efsieurs, les paunres Catholiques de Bearn, affligez depuis vingt ans, par l'ennemy
de Dieu, Henry Roy de Nauarre,
pouffez d'vn zele Chreftien, vous a-
dreffent ce mot d'aduertiffement, qui
ne tend à aultre fin qu'à l'augmenta-
tion du feruice de Dieu, conferuation
de vous & de voftre Eftat.

Ces iours paffez eft tóbé entre noz
mains vne Declaration faicte par le
Roy de Nauarre au Camp de S. Clou
dattee du quatriefme Aouft dernier,
qui eft pleine des rufes & fineffes dont
par cy deuant il nous à pipez. Et c'eft

pourquoy cognoiſſât de lõgue main
(à noſtre dam) le poil du Loup qui ta-
che de vous charmer, pour apres vous
eſgorger : Nous auons eſtimé eſtre de
noſtre debuoir, de vous deſcrire le na-
turel de la beſte, afin que vous tenans
ſur voz gardes , elle n'aye moyen de
vous endommager.

Nous reſpondrons donc ſommai-
rement à ce bel Edict, lequel eſt ja tõ-
bé entre les mains des Miniſtres de
pardeça, qui nous en ont donné par
leurs explications & modifications,
vne plus claire intelligence que n'euſ-
ſions deſiré.

Henry par la grace de

Dieu , Roy de France & de Nauarre. &c.

Voila vn ſuperbe tiltre, qui nous
euſt eſtonné du premier coup, n'euſt
eſté que nous cognoiſſons l'humeur
de celuy qui ſe le vendique : Qui eſt ſi
bouillante qu'elle digere aiſemét vne

esperance, tant froide puisse elle estre,
& la conuertit en vne nourriture dõt
son maistre se repaist ordinairement.

Mais estre huguenot est vne chose
incomptable auec vne si belle Couronne : La blancheur & pureté du Lis
flestriroit sur la teste d'vn Roy de Nauarre : & ne fut iamais vne telle fleur,
souillee de la fiente de l'heresie. Car le
tiltre du Roy de Frãce à vne proprie-
té inseparable en soy, qui est le nõ de
tres-Chrestien : qui ne se poutroit au-
cunement adapter aux persecuteurs
des fideles & Catholiques. Estre Roy
de France, c'est estre premier filz de
l'Eglise, qui est vn droit d'ainesse qui
ne se peut attribuer à vn bastard, c'est
à dire, a vn heretique, encor qu'il fust-
ce legitime par vne reünion au gyron
de l'Eglise. D'aultant que ce n'est assez de faire protestation de bouche de
se vouloir ranger aux anciennes constitutions des Peres, & embrasser la

A iij

vraye & pure doctrine de l'Eglise Romaine. Si apres auoir esté relaps & encouru l'indignation de Dieu, par les censures Ecclesiastiques, nous ne faisons penitéce publique, crians mercy à Dieu : & luy demandant pardon nous ne pourchassons pas voyes legitimes vne entiere absolution de ceux qui ont pouuoir de nous l'octroyer. Mais vous auez affaire à vn hôme, lequel ayant succé l'infection de l'heresie auec le laict, se mocque du Sacrement de penitence : & la plus grande contrition qui le trouble vient qu'il se voit deietté comme il merite, hors de la possession du Royaume qu'il pretend faulsement luy appartenir, par ceux ausquels legitimemét elle est deferee, tant par les loix fondamentales de France, que par le consentement vniuersel des trois ordres des Estats.

C'est vne merueilleuse impudence a luy, qui à les yeux fermez & esbloüis

d'erreur & d'ignorance , qui à faict
trainer la France captiue par des ca-
dets d'Allemaigne , qui a les mains
encor toutes fanglâtes du meurdre de
voz bons citoyens : Qui depuis vingt
ans à appellé vn million d'eftrangers
pour butiner & partager voftre Royaume , & recueillir les fleurons rõpus
d'vne fi braue Couronne : Qui à brifé
voz autels, defmoly voz têples, bruflé
les reliques de voz faincts, pillé le fan-
ctuaire de Dieu, rõpu les monuments
de voz Saicts , & ietté les cendres au
vvêt, faccagé voz villes, ruiné voz mai-
fons, rauy voz filles, violé voz fêmes,
meurdry voz enfans: & bref qui à cõ-
mis tant d'indignitez & pũâtifes, que
l'air en eft encor tout infecté, & dont
le ciel & la terre portent tefmoignage
ou il le voudroit denier , faroger en
vn moment la qualité de Roy de
France.

Les Royaumes font confarez par

vocation speciale de Dieu, par électiõ
ou par succession & droict de cõsan-
guinité. Quand au premier, chose as-
seuree, que les ministres de ceste nouuelle Synaguogue, ne manquerõt de
reuelations du S. Esprit, pour luy faire
accroire qu'il y est appellé. Veu que le
ministre Brocard, Piedmontois, l'an
1583. asseura le sieur de Pardillã (lors
qu'il traictoit auec les Protestãs d'Allemaigne, au nom du Roy de Nauarre, pour luy fournir gens, afin de faire
la guerre aux Catholiques) que par
tesmoignages de la saincte escriture,
il prouueroit aisément, qu'vn Prince
huguenot debuoit chasser le Pape de
son siege, & mettre en paix & repos
asseuré toute la chrestiété. Ce fut lors
que ledit Pardillan fut despesché par
son maistre, qui se fondoit sur ceste
Prophetie ministrale, pour aller pra-
tiquer l'aide & faueur du Turc. Mais
les Potētats d'Allemagne se macquãts

de telle legation, luy rompirent son chemin, & apres qu'il eut couru tout leur pays fut contraint de s'en reuenir honteusement.

Quand a l'élection, les bandouil-liers du Languedoc ne sont en nôbre suffisant pour la faire passer: Aussi ne se veullent-il fonder sur vn si foible qu'appuy: mais s'arrester sur le droit suc-cessif & de consanguinité.

Si est ce toutesfois que le Roy de Nauarre est hors de ligne, & n'atou-che d'aulcune pareté à ceux ausquels la Couronne à esté dernierement de-férée; Il est à l'onziéme degré qui l'ex-clud de son droict pretédu D'ailleurs s'il faut regarder à la proximité de sãg ceux qui depuis cinquãte ans sont ys-sus des filles de France, sont plus pro-ches que luy. Et ne sert d'alleguer les loix contraires à ce, d'autant que la mesme loy q exclud les filles ou leurs descendans de la Couronne, en priue

B

pareillement ceux qui se sont separez
de l'Eglise. Et ou l'exclusion d'iceux
ne seroit point expresse, la creáce que
de tout temps on à eüe à Dieu: l'vsan-
ce & forme de le seruir, sont les loix v-
niuerselles qu'il à plantees dedans le
cœur des hommes, contre lesquelles il
n'est besoin de précaution d'aulcune
loy particuliere: car elles ont bié plus
de force enuers les catholiques, que
ne pourroit auoir la loy Salique.

Depuis Clouis premier Roy chre-
stien, il ne se trouue aucun qui ait má-
qué & degeneré de ceste saincte & in-
corruptible fidelité enuers la foy de
Dieu & de l'Eglise, fors le Tyran dernier decedé.

Dieu par vn euident miracle, l'ayát
exterminé lors qu'il pensoit estre au
hault de ses sanglants desseins: vous
admoneste apertement qu'il ne veut
encor perdre la France, en laquelle il
à esté craint, reueré & aimé de tout

temps, & ou il y a encor vn nombre
infiny de gens de bien qui n'ont point
flechy le genouil deuant Baal. Ains
qui choisiront mille morts auant que
se departir d'vn seul point de la religion que depuis trente ans ils ont si che-
rement conseruee. Persistez donc en
vostre ferueur de foy, & ne vous es-
branlez pour quelque affliction qui
puisse suruenir. Continuez en vostre
saincte volonté, & ne perdez cœur au
milieu de la course si vous voulez ré-
porter le pris tát desiré, de veoir le ser-
uice de Dieu restably en son pristin
estat : Vostre Roy legitime obey, &
vostre pauure Royaume en paix. Qui
comberoit en plus grande confusion
que iamais, si le nouueau Henry par
ses sourdes menees, & ruses accoustu-
mees, s'en pouuoit rendre maistre,
ainsi qu'il se vente : mais nous croyons
que, comme l'on dict, il conte sans
son hoste, & que vo⁹ n'estes pas prests

B ij

de receuoir payement en telle mon-
noye.

Il nous souuient qu'vn paysant de
ce pays, consul de son village, sollici-
té de receuoir au lieu de son legitime
Curé, vn Ministre reformé, respondit
en nostre lágage, *Non haram ma he pas a querà.*
Qui vault autant à dire, que, ma foy
nous ne ferons pas cela Et rendát raison de son opinion disoit, qu'il estoit
escrit en la passion, que les Ministres
des Iuifs auoiét pris Iesus-Christ pour
le faire mourir miserablement en la
Croix. Cette respõce, encor que gros-
siere, vous monstre qu'il y a ie ne sçay
quoy de fatal en ce mot de Ministre,
comme en ce nom de Henry: Et que
tous ceux qui ont prins instructiõ de
telz instrumens de Satan vaillent encor moins que leurs maistres: que voꝰ
debuez auoir en horreur plus que les
ministres, qui ne parlent que par leur
commandement, n'exécutent rien de

cruel & de sanguinaire qu'à leur adueu   Et vaudroit beaucoup mieux a-
uoir en chacune de voz villes vne
douzaine de ministres, qui fissent les
asnes à leur accoustumee par voz car-
refours, & amassassent alentour d'eux
les moins discrets, ainsi que des me-
neurs d'Ours, ou vendeurs de Tyriac
Que de voir vn Roy de Nauarre in-
stalé en la dignité ou il aspire. Car les
gens de bien fermes en leur creance,
auroient moyé de cõfondre ces nouueaux prophetes, la science desquelz
ne gist qu'à detester du Pape, de la
Messe & du Purgatoire. Par vne sim-
ple raison l'on rembarreroit leur me-
disances & impostures. Mais ou vous
seriez contraints d'obeyr: ou la force
& la puissance auroit lieu: tout moyé
vous seroit retranché de resister à la
nouuelle fureur de ces bourreaux:
qui ne vous feroient pas si doux trai-
ctement que vous auez faict aux hu-

B iij

guenots leurs confreres. Comme ilz
ne s'oblient pas de dire par deça, qu'il
n'y aura porte , place publique, ny
grand chemin , qui ne foit decoré de
la tefte d'vn Papault. Noftre pays vo?
doibt feruir d'exemple , ou nous n'a-
uons autre confolation pour les tra-
uerfes ordinaires qu'on nous donne,
que de prier Dieu qu'il nous tire hors
de ce mõde, & abbrege les iours à noz
femmes & enfans.

Mais reprenõs noftre premier train
& voyons vn peu qui eft cet effronté,
qui faict efcrire en fes papiers Roy de
voftre France. N'eft-ce pas celuy qui
à efté condamné par noftre S. Pere le
Pape, comme eftant notoirement heretique & relaps, chef des rebelles, fai-
fant publiquemẽt la guerre: Ennemy
iuré de l'Eglife catholique Apoftolique & Romaine? N'eft-ce pas celuy q
par le cõmun confentemẽt de tous les
deputez aux Eftats à Blois, à efté de-

claré inhabil à succeder a voſtre Couronne, tous ſes biens acquis & confiſ-
quez, toutes ſes terres mouuantes de
la Couróne de France, vnies & incor-
porées au domaine, & luy priué de to°
honneurs & eſtats qu'il tenoit en ce
Royaume? N'eſt ce pas celuy qui eſt
atteint & conuaincu de crime de leze
Majeſté, diuine & humaine? C'eſt le
ſecond article qui fut accordé & paſ-
ſé en voz Eſtats derniers, ſans aulcune
contradiction d'vn ſeul de toute cette
grande aſsiſtance. Laiſſons donc la ce
tiltre imaginaire, qui donne occaſion
aux gens d'honneur de ſe mocquer
d'vne telle temerité, & de le prendre
comme de la part d'ou il vient. C'eſt
vne maladie couſtumiere de ceux qui
ſont eſtroppiez du cerueau, que de ſe
dire Rois du premier pays qu'ils s'ad-
uiſent, & de ſe fantaſtiquer des Sei-
gneuries en l'air, dót ils raſlaſient leur
humeur melancolique.

Suit apres en ce bel Edict.

Promettons & iurons en foy & parolle de Roy.
Voila vn mauuais mot, gardez la foy
de Blois. Car les petits huguenoteaux
de ce pays trouuent en leur Catechif-
me , qu'vn Roy n'eft tenu de garder
promeffe à fes fubiets : & qu'il n'y a
point d'obligation entre le fouuerain
& fon ïferieur. Les miniftres de haul-
te greffe paffent bien plus oultre , &
affeurent qu'il eft licite aux Rois &
Princes fe pariurer, faulfer fa foy, pre-
uariquer: De façõ que de youloir fti-
puler en cefte qualité, l'obligation ne
feroit vallable. Toutesfois efcoutés ce
qu'il promet, *De maintenir & conferuer en tout*
le Royaume, la Religion Catholique, Apoftolique & Ro-
maine.

C'eft icy le poifon que l'on vous
veult faire gliffer dedans l'ame foubz
apparence de douceur. Voicy le mor-
ceau que lon vous veult faire aualler,
afin qu'il vous eftrangle. Icy eft la fo-
reft ou ce brigand vousefgorge. Criez

au voleur. Defendez vous courageu-
sement, appellez Dieu à vostre ayde
ou vous estes perdus. Helas, ce mi-
serable nous en auoit promis tout autāt
cōme à ceux de la basse Nauarre en
parolles aussi solemnelles, & il s'est
mocqué en fin de nostre afflictiō, qui
est telle, que la vie qui nous reste, ne
sert qu'à prolonger nos tourmens, &
nous faire mourir à petit feu. Nous ne
viuons qu'en languissant, & ne se pas-
se vn seul iour qui ne nous apporte a-
uec soy vne nouuelle forme de perse-
cution. Encor nous consoleriōs nous
en nostre mal, si nous aurions quelque
moyē de dresser noz plainctes au ciel,
& loüer Dieu en noz Eglises. Mais si
la Messe se celebre a vn autel, vous verrez vn cheual lié à l'autre qui mange
son auoine. Si nous pensons psalmo-
dier à la mode des Catholiques: Aussi tost entendōs nous hurler des esta-
fiers leurs rithmes de Marot. Si nous

prions pour les morts, nous voyons
leurs corps déterrer & trainer à la voirie. Si quelqu'vn se formalise de telles
insolences barbaresques : l'on le mas-
sacre cruellemēt en sa maison. De sorte que nous pouuons bien chanter en
nostre cœur, ce motet que le Prophe-
te sonnoit iadis sur sa piteuse harpe.

Croyez , messieurs , que l'heresie
quelque belle mine qu'elle fasse , est
tousiours heresie, piperie & meschā-
ceté : & quelque apparence & belle
parade qui y puisse estre l'on reco-
gnoist tousiours le fard & le vermillō

qui donne luftre à fa couleur pafle &
iaunaftre.

Il fera du Catholique pour vn têps,
l'on dict qu'affriandé d'vn fi bõ mor-
ceau il entre ia en apetit d'aller à la
meffe : mais c'eft à la façon des petits
enfãs, afin qu'il defieune, ou pluftoft
afin qu'il gourmãde en vn matin toute voftre fubftãce, vous ofte les moyés
de feruir à Dieu, & vous enuoye chercher voftre pain en pays eftrange , fi
vous voulez eftre nourris de la vraye
parole de Dieu.

Ne vous fouuenez-vous plus du
confeil que Roquelaure luy donnoit
incontinent apres le deces du Duc
d'Anjou? Qu'il fault s'il à enuie d'entrer au Royaume, qu'il s'accommode
à faire profeffion publique de l'anciê-
ne Religion de fes predeceffeurs : S'il
n'y croit en fon courage, que pour le
moins il contente le peuple par beau
femblant : Et biê qu'il ne foit Catho-

C ij

tholique au cœur, qu'il le soit en la
bouche & à l'exterieur. Suyuant l'exemple des Politiques, lesquels ont
tousiours conseillé aux grands de faire bonne mine, & par vne apparence
exterieure trouuer bon ce qui est ag-
greable aux yeux du peuple. Pource
(dict-il) que Dieu n'a point reuelé sa
cognoissance a vn Prince pour perdre
& hazarder son estat. Conseil perni-
tieux de tels Athees, qui à plus endõ-
magé & perdu vostre France, par l'hi-
pocrisie d'vn Tyran dissimulé, que ne
feit iamais l'erreur des plus abomina-
bles heresiarches qui ont debacché
contre le sainct nom de Dieu.

Mais s'il veut conseruer l'Eglise en
ses anciens priuileges, comme il chāte
en son billet: Que deuiendra la promesse que feirent à Cazimir, les sieurs
de Pardillan, Cleeuant & Guytry ses
Ambassadeurs en Allemaigne en l'an
1587. Lesquels en vertu du pouuoir à

eux dōné, ont promis au nom de leur maiſtre. Que l'eſtabliſſement des Egliſes reformees, ſera en toutes les Prouinces villes & endroits du Royaume de France, eſgalement auec les Catholiques ſans aucune exception. L'eſtabliſſemēt de la Iuſtice miparti é. Toutes charges, honneurs, offices Royaux & Principaux, tant de guerre que de finances, & police, eſgalement diſtribuez; Auec aſſeurance de quelque nombre de diſme ſur le bien du Clergé, pour l'entretenement des Predicants.

Il n'oſeroit faulſer la foy à ces liſtoffres, enuers leſquels, s'il s'eſt obligé à la ratification & accompliſſement de ces articles eſtant Roy de Nauarre: Il ne fault point doubter qu'il ne feiſt de belles exécutions s'il pouuoit paruenir à la Couronne de France.

Eſtant à Châſtelerault au mois de Mars dernier, il à faict proteſtation de

C iij

ne point quitter l'heresie, par vne declaration qu'il enuoya à la Noblesse affectionnee à son party. Et sont toutes ses raisons : Que diroient de moy les plus affectionnez a la religion Catholique, Si apres auoir vescu iusques à trête ans d'vne sorte: ilz me voyoiêt subitement changer ma religiõ soubs esperance d'vn Royaume? Que diroiêt ceux qui m'ont veu & esprouué courageux, si honteusemêt ie quittois par la peur, la façon de laquelle i'ay seruy Dieu des le iour de ma naissance? Quelle conscience? Auoir esté nourry, instruit & esleué en vne profession de soy, puis tout à coup se ietter de l'autre costé. Cela ne fera iamais le Roy de Nauarre, y eust-il trente couronnes à gaigner: Tant s'en fault qu'il en aye enuie pour l'esperance d'vne seule.

Il a bien tost chágé d'auis: Son nouuel Edict est bien repugnant à ceste

premiere volonté. Dequoy toutesfois
il ne se fault pas estôner : car il n'inno-
ue rien de sa premiere resolution.
Pour-ce qu'il tient pour vn precepte
tres-asseuré : Que le Roy contient le
droit pouuoir & authorité de com-
mander en sa republique, non seule-
ment en ce qui touche la police des
choses prophanes : Mais aussi en
ce qui concerne le Reiglement de la
Religion, deuoir enuers Dieu & son
Eglise saincte. Et que telle Religion
que les Rois exerceront, doit estre sui-
uie par ses subiets, ainsi que seul vraye
& salutaire. Aussi ne iure-il pas encor
de ce faire Catholique, il promet seu-
lement de côseruer vostre Religion.

Vne promesse de telle importance
meriteroit bien vne bonne caution.
Nous en sçaurions bien que dire en
ce chetif pays de Bearn, ou il fault le
plus souuent que nous nous sauuions
aux cauernes & repaires des Loups,

pour éuiter la furie de ces éragez. Que
nous fuyons de nos maisons qui sont
pillees à nostre retour.

Vous auez assez d'exemples domes-
stiques sans en mendier d'ailleurs. Ne
iura-on pas à ceux d'Angoulesme,
presflés de se rendre par composition,
Que les catholiques & Ecclesiastiques
y pourroient demeurer seurement,
sans estre inquiétez ny recherchez?
Les articles ainsi signez & accordez,
n'ont-il point estez enfraints ou vio-
lez? Nous nous en rapportiōs au sieur
Arnauld, Lieutenant general du lieu,
qu'ils estranglerent en son logis: Et
aux trente Catholiques qu'ils trouue-
rent en vne maison, lesquels ilz attacherent deux à deux, & les laisserent
mourir de faim, iusques à ce que l'ex-
tremité les contraignit de se manger
l'vn l'autre. Ceux de la ville de Hou-
dan, diocese de Chartres, en sçauroiēt
bien que dire, ou ils attacherent les

preſtres au Crucifix pour les harque-
buſer. Que diront ceux du Mas, ou il
couperent à vn preſtre les parties q̃ la
nature a hõte de deſcouurir, les feirẽt
roſtir ſur le gril, & le contraignirent
en fin de les manger? Ou les corps des
morts eſuentrez ſeruoient d'auge a
leur cheuaux? Nous laiſſerons ceux
de Mõt-briſon, leſquelz Montgom-
mery, contre la foy promiſe, faiſoit
precipiter du hault des rochers: Et ne
parlerons de ceux de Niſmes, qui fu-
rent entaſſez les vns ſur les autres dans
le puis de l'Eueſché, meſmes iuſques
aux petis enfans de cœur: & vne infi-
nité d'autres meurtres ſi horribles à
raconter, que le plus cruel Ianiſſaire
de la garde du Turc auroit hõte de
ces executer.

M Maintenant celuy qui veult conſer-
uer l'integrité de l'Egliſe Catholique,
eſt le meſme, à la faueur duquel l'on à
iöüé ces piteuſes tragedies. C'eſt celuy

D

qui a pillé & desmoly vingt mille Té-
ples, & deux milles Monasteres. C'est
celuy qui à faict mourir tant en guer-
res ciuiles que par diuerses sortes de
supplices, iusques au nombre de seize
cent mille hommes. C'est celuy qui à
faict abbattre neuf cens hospitaux, &
qui depuis l'aduertissement faict à la
Noblesse l'an 1580. auec les prote-
stations qu'il reitere, à faict vendre les
Prestres à l'encant, & les deliurer aux
plus offrant, & dernier encherisseur,
afin que les huguenots eussent sur qui
exercer tout à loisir leur diaboliques
fureurs.

N'estimez-vous point, si par force il
a autrefois extorqué vn libre exercice
de sa sorcelerie huguenotte: Qu'ayāt
la puissance en main il n'enuoyast vostre Dieu en Galilee? Mettez-vous deuant les yeux cette sale putain, cette
vieille dogue d'Angleterre, que tant
de fois l'on vous à despeintes auec ses

maiſues couleurs : & voꝰ verrez ſi pour
s'emparer de ſon Iſle, elle n'obſerua
pas la meſme forme, que le Roy de
Nauarre vous propoſe pour vous at-
trapper. Reliſez ce ſainct aduertiſſe-
ment qu'aultrefois vous ont enuoyé
ces Anglois Catholiques, & vous en
ſeruez, comme d'vn ſouuerain anti-
dote contre le poiſon qu'on vous pre-
pare.

¶ Nous ne voulõs point brouiller noſtre papier en le rempliſſant des con-
tes que font les Predicãts de ces quar-
tiers, tant en preſches qu'en compa-
gnies particulieres. Car ainſi que iadis
les Iuifs ſe promettoient vn Meſſias,
qui les feroit tous Rois & Monarques
auſſi les huguenots attendent ce vail-
lant Roy qui les faſſe riches, & les re-
compenſe tous de leurs pertes, à voz
deſpens, mais nous eſperons, aydant
Dieu, qu'ils attédront auſſi long téps
les vns comme les autres.

D ij

Pour conclusion de cet article : gardez vous de fier voz poulles à ce Renard, ne vous laissez aller a telles bisseries, & prenez exemple tant à nous qu'a voz voisins. Vous trouuerez que souz les Rois & Princes ou la nouuelle opinion a esté receüe, l'anciēe foy à esté reiettee. Et qu'és ligues de la Germanie, apres auoir long temps cōbatu l'on à esté contrainct de se cantonner, & en fin le plus fort à emporté le plus foible. C'est le propre d'vn bon huguenot d'estre pariure, de promettre tout & ne rien tenir, principalemēt ou il y vat de la religion. Comme feit ce venerable Henry au Pape Gregoire de bonne memoire, quand apres auoir abiuré son heresie, il iura solemnellemēt de perseuerer iusques au dernier souspir, en l'Eglise Catholique, de laquelle il se departit aussi tost, afin de coniurer sa ruine & extermination. Et tout à coup il s'en veult rendre protecteur, & dict.

Qu'il ne desire rien dauantage que d'estre instruict par vn bon libre & legitime Concil general ou national, qu'il sera connoquer dans six mois, pour ensuiure & obseruer ce qui y sera conclud. &c.

Ce pendant il veult estre Roy de France par prouisiõ: Et mettre en pratique la maxime de son asne Apologique qui dict, Qu'il fault premier preuoir aux affaires de l'estat ciuil & politique que de la religion. Pource, dit-il, que l'estat ciuil est par dessus. Mais vous tenez pour vne Reigle d'estat de France, Qu'il faut premierement estre vray Catholique, que de uenir à la Couronne. Pour estre la religion le frein qui tient les hommes en bride plus que toutes les loix du mõde. Et dit-on bien dauantage, qu'vn homme iadis heretique, est à iamais incapable de la Couronne. Ce qui est conforme aux Constitutions Canoniques, qui ne permettét que ceux qui sont recognuz en leur erreur, obtiẽ-

D iij

nent aucun grade ou dignité en l'E-
glise de Dieu, pour euiter aux incon-
ueniens qui s'en pourroient ensuiure.

L'on bruit pardeça qu'il a esté deux
fois à la Messe, depuis le premier iour
d'Aoust: Quelques vns s'en formali-
sent, mais les Predicãs leur font trouuer bon : & la presche ordinaire de ces
canailles est, Que si les ministres d'Allemaigne dispẽsent les Electeurs Pro
testans d'oüyr la moitié d'vne Messe,
pour eslire vn Roy des Romains , ou
vn Empereur : l'on en peut bien ac-
corder vne toute entiere a leur maistre, pour empieter vn si florissãt Roi-
aume : Et qu'il ne fault estre si curieux
du ciel, qu'on en perde vne si belle
piece de terre.   Voila le chemin qu'il
luy frayent pour le cõduire à l'atheis-
me, auquel il est ja fort aduançé, & ne
se doibt guere haster pour y paruenir
de bonne heure : Sans partir trop matin il si trouuera aisement à la disnée.

Mais pour faire bonne mine iufques
au bout, il veut eftre inftruict par vn
bon & legitime Côcil general ou national, qu'il promet de faire affébler.

Les Iurifconfultes tiennent qu'en
chofes promifes alternatiuement l'é-
lection demeure libre au debteur. Il
eft vrayfemblable qu'il choifira le national: Pource que les Concilz gene-
raux difent, Les miniftres font les
grands iours de Satan, affizes de l'An-
techrift, Eftats des ennemis de la foy.
Et affeurent que les Rois ne font en
rié fubietz a la croffe Romaine : C'eft
leur iargon ordinaire. Comme ils ont
au contraire pourfuiuy par cy deuant
de tout leur pouuoir des affemblees
nationales, eftimãs qu'il nous feroiét
tous huguenots du premier iour, c'eft
le but ou ilz tendent.

Mais de quelle authorité s'afféblera
ce Concil ? De pleine puiffance & authorité Royale. Voyez-vo que l'in-

struction que pourchasse cet huguenot est afin de vous destruire? Ne voy-
ez-vous le pouuoir de S Pierre vili-
pendé, & que desia a la façon d'Angleterre, Il se declare tacitement chef
de l'Eglise? Si c'est vn crime de léze
Majesté de cõuoquer des Estats Pro-
uinciaux sans l'adueu & mandement
du Roy? Quelle horreur, de vouloir
decider des affaires de la foy, sans expresse permission du chef de l'Eglise,
qui est nostre S. Pere? Il ne se peult
desguiser en sorte qu'il ne puë le huguenot.

Quand au Concil general qu'il pretend, il a aduerty les Allemans & les
Anglois afin de s'y trouuer sur ce mois
de Mars Du Pape, il ne s'en parle non
plus que de l'Antechrist. Et n'a garde
de s'addresser a sa Saincteté pour l'im-
petrer de luy: Car il sçait bien qu'il ne
l'accorderoit pas. Côme aussi n'est-il
raisonnable. Pourautant que de ma-

der vn Concil. C'eſt faire ouuerture a
vn trouble & confuſion d'eſtat, diſci-
pline, religion & conſtitutions Eccle-
ſiaſtiques, induire vne incertitude &
perturbation de toutes choſes diuines
& humaines. Tels Concils nouueaux
n'apporteroient que ſcãdale, meſpris
& contemnement de la religion, de-
ſordre en la France. Ne ſeruiroiét qu'à
augmenter l'inſolence de l'heretique,
alumer vn feu de ſedition plus violét
que iamais, aux quatre coings du
Royaume.

Il ne fault iamais reuoquer en dou-
te les maximes & propoſitions de la
foy, qui ſont ſi certaines & infaillibles
qu'il n'y a que les hommes capricieux
& hors du ſens qui les veullent debattre, a la façon des enfans de la terre,
que les Poëtes feignént auoir voulu
eſcheler le ciel à leur courte hôte. Aſſembler vn Concil, ſeroit non ſeule-
ment vn moyen pour fortifier l'opi-

E

niaſtreté de ſes deſeſperez , retirer de
la voirie les charõgnes mortes & puã-
tes de ces vieux chiens , compagnons
de Cerbere , & tenir en ſuſpent les affaires de la foy, ſi ſerieus & importans
qu'ils doiuẽt eſtre reſolus & aſſeurez:
mais encor reuiendroit-il au meſpris
des autres Concils, qui à eſté de tout
temps diuine , ſacree & inuiolable.
Voire que les Peres anciens ont em-
braſſé auec autant de reuerence , que
les liures meſmes de l'Euangile. C'eſt
pourquoy les Empereurs Valentiniã,
Theodoſe, & Arcade , veullent non
ſeullement les autheurs de telle diſpu-
te, mais ceux qui y aſſiſtent, eſtre pu-
nis comme autheurs de ſedition, per-
turbateurs de la paix & trãquillité Ec-
cleſiaſtique. Et l'Empereur Theodoſe
par le conſeil de Siſinius , refuſa aux
Sectaires qui eſtoient de ſon temps en
l'Empire, les conferences & diſputes
publiques: ains ordonna qu'on leur

repreſenteroit les anciennes profeſ-
ſions de la foy, approuuee par les Cõ-
cils, & que ceux qui ne voudroient les
receuoir ſeroient tenus pour hereti-
ques.

S'il n'eſt pas licite aux Philoſophes
& Mathematiciens de mettre en de-
bat les principes de leur ſciéce: pourquoy ſera-il permis de diſputer de la
religion receuë & approuuee ? La diſ-
pute n'eſt inuentee que pour les choſes vrayſemblables, & non point pour
debattre des principes reſolus , ny le
fondemét des ſciences de la foy. Ainſi les Hebreux inſtruits par les Prophetes enſeignoiét la Loy de Dieu en
ſept colleges, qui eſtoient au mont de
Sion : mais ils ne ſouffroient iamais
qu'on entraſt en controuerſie , pour
eſtre choſe de pernicieuſe conſéquen-
ce.

La foy ne veult point eſtre reduitte
au pied de la raiſon humaine : Il fault

aſſuietir la vanité de noz diſcours, à la
fermeté de noſtre creãce: & ne s'ateſter
à rechercher la predeſtination, le libe-
ral arbitre, la preſcience de Dieu, qui
eſt vn Labyrinthe ou l'on ſe fouruoye
& dont le plus ingenieux Dedale ne ſe
pourroit retirer, ſans le fil de la grace
de Dieu. Il faiɗ beau diſputer des prĩ-
cipes des choſes, des Elements, des Tõ-
nerres, du cours des Eſtoilles, & élancer
ſa conception iuſques aux choſes cre-
es qui embeliſſent le Ciel: mais de paſ-
ſer plus auãt & de vouloir par vne ſot-
te curioſité entrer au cabinet de Dieu,
eſplucher ſon eſſence & diſcourir de
ſa grandeur: C'eſt vne freneſie qui eſt
particuliere aux miniſtres de ce temps
qui ſe perſuadent auoir plus de credit
en Paradis, que tous les Sainɗz qui y
ſont. C'eſt donc abus que de ſe promettre des Concilz nouueaux & meſ-
priſer les vieux, dõt la fin ne pourroit
eſtre que déplorable pour toute la

Chreſtienté.

Mais c’eſt l’intention de ce nouueau Catholique d’aſſembler vn Concil. Il croit que cela ſera auſsi aiſé à faire & à reſoudre, qu’il eſt facile a vn raptaſſeur de ſouliers , de deſgoizer vne demie douzaine de pſeaulmes, en decoupant ſur ſon eſtail le ventre d’vn veau.

Vn petit Predicantereau du Parlement de Pau, dit que c’eſt la ou l’on aura raiſon de la S.Barthelemy : & que l’abolition de la Meſſe ſera iugee en dernier reſſort, mais, aydāt Dieu, vous n’aurez que faire de propoſer erreur pour eſtre tel iugement reformé.

Qui eſt-ce qui preſidera à ce Concil ? Ce ne ſera pas le Roy de Nauarre, car telle aſſemblee ſe fera pour ſon inſtruction. Il dict que les Eueſques ſont parties. Il faudra aller chercher en Allemagne ſon bon couſin l’Eueſque de Cologne qui eſtoit Catholique , depuis apoſtat huguenot, maintenant il

E iij

n'eſt ny l'vn ny l'autre, eſtant neutre il pourra terminer les differents ſans paſsion.

Non non, ne penſez point que iamais cela ſe puiſſe permettre : Et que ou il aduiendroit, vous puiſsiez tirer proffit de ces ceruelles ſteriles. Vous auez affaire à gens ignares pleins de preſumption, & n'y a ſi petit vendeur de Sabots, qui ne s'eſtime plus docte, que SS. Hieroſme, Auguſtin, & aultres perſonnages renómés pour leur grand ſçauoir. Vous n'en receuriez qu'iniures & brocards, n'entendriez que blaſpheme contre Dieu & les Saincts, & remporteriez de telle conference, vn petpetuel meſcontentement accompagné de l'ire de Dieu. Qu'eſt-ce que le Colloque de Poiſſy à apporté a la France ? N'eſt-ce de ce cheüal Troyen que ſont ſortis vn million de huguenots pour vous coupper la gorge lors que vous eſtiez endormis ? Vous ſça-

quez ce qui vous en à pris , voſtre mal
vous fera ſages , & vous forcera d'em-
braſſer d'vn zele ardãt la cauſe de Dieu.

La fin de la Declaration porte.

Qu'il expoſera ſa vie & ſes moyens pour faire faire iu-
ſtice de la felonnie & deſloyauté commiſe en la perſonne
du feu Roy ſon frere. Concluſion digne d'vn
ſi beau chef d'œuure. Pleuſt-il à Dieu
pour le bien de la Chreſtienté , que ſa
vie fuſt auſsi courte que ces moyens.
Sur qui végera-il cette mort, ſi ce n'eſt
ſur les Catholiques? On y a ia cõmen-
cé és villes qui ſe ſont traitreuſement
ſoubmiſes à ſon obeyſſance, eſquelles
le peuple contraint par deux ou trois
pendars, à vendu miſerablement ſa religion, & s'eſt mãcipé au Diable. Nous
ſommes aduertis que ceux de Lengres
ont chaſſé les Iacobins , auec douze
Chanoines, en eſperance d'eſtablir la
preſche publiquement, qui ſe faict és
maiſons particulieres. L'on n'en fera
pas moins par toutes les villes ou il aura quelque puiſſance, & ne manquera

de subiect pour exercer son ordinaire
cruaulté, suiuant la liste des ligueurs de
chaque ville, dont les huguenots sça-
uét mieux les noms què celuy de leurs
propres enfans.

Voila les proietz du Roy de Nauarre, suiuant ce que nous en auons apris
pardeça. Vous en estes assez bien aduertis d'ailleurs, qui vous gardera de
surprise, aydant Dieu, lequel nous prions vous accroistre la volonté de bien
faire, & dissiper en bref les forces vai-
nement assemblees contre son Sainct
Nom.

FIN.